Jubiläums Hain
Ober Marxloh
Nieder Marxloh
Bhf. Hamborn
Kaiser Friedrichstr.
Schlachthof
Schmidt horst
Zeche Schacht III Neumühl
Zeche Neumühl
Schacht I u. II
Neumühl
Bhf. Hamborn Neumühl
Alt-Markt
Beeckerstr.
Kath. Fdhf.
Ev. Fdhf.
Halde
Hibernia
Schacht VI
Evang. Krankenhs.

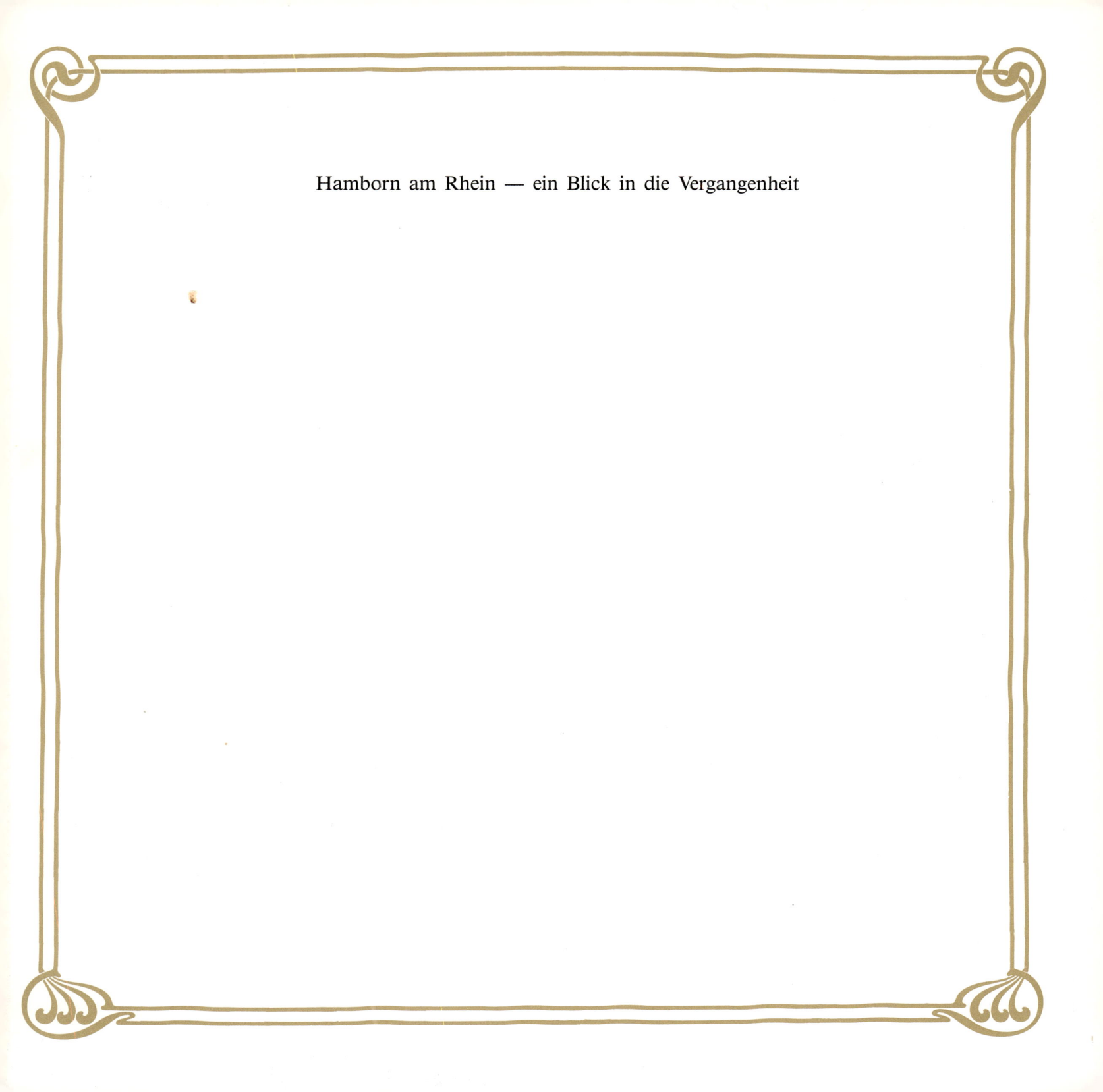

Hamborn am Rhein — ein Blick in die Vergangenheit

HAMBORN
am Rhein

ein Blick in die Vergangenheit

Die Fotos wurden zusammengestellt von
Klaus-Jürgen Braun
Hans-Joachim Meyer

Verlag Gronenberg

Fotonachweis

— Stadtarchiv Duisburg
— Archiv der Thyssen Aktiengesellschaft
  vorm. August Thyssen-Hütte, Duisburg
— Herbert Atrops
— Dr. Hans-Joachim Blumbach
— Hilde und Louise Gatermann
— Heinrich Hauschild
— Privatarchiv der Autoren

Herausgeber: E. H. Ullenboom
Grafik: Ute Peters
Reproduktion: Gronenberg - Gummersbach
Satz und Druck: Gronenberg - Gummersbach
Buchbinder: Berenbrock - Wuppertal

© 1985 Verlag Gronenberg, Gummersbach

ISBN 3-88265-084-2

Quellennachweis

— Scheiermann
  Altes und Neues vom Niederrhein, Duisburg 1897
— Festschrift zur Feier der Erhebung Hamborns zur Stadt,
  Hamborn 1911
— Festschrift aus Anlaß des 25jährigen Gemeindejubiläums
  1925, Hamborn 1925
— Cornelissen
  Hamborn Land und Leute, Manuskript 1929
— Thyssen-Bergbau am Niederrhein, Hamborn 1922
— Thyssen-Bergbau am Niederrhein,
  Siedlungswesen und soziale Einrichtungen, Hamborn 1922
— Horstkötter
  Die Abteikirche in Hamborn, Duisburg 1975
— Rommel
  Alsum und Schwelgern, Duisburg 1974
— Rommel
  Schulte-Marxloh, Oldenburg 1959
— Verwaltungsberichte der Stadt Hamborn
— Werkszeitschriften der Thyssen Aktiengesellschaft,
  vorm. August Thyssen-Hütte, Duisburg
— Gatermann
  Familienchronik Gatermann, Hamborn 1935
— Privatarchiv der Autoren

Hamborn am Rhein.

Liebe Mitbürger,

Hamborn begeht im Jahre 1986 zwei bedeutende Gedenktage, die Anlaß für diese Bilderchronik sind.

1136, also vor 850 Jahren, stiftete Gerhard von Hochstaden die auf seinem Grund und Boden errichtete Kirche mit all ihrem Zubehör zur Errichtung eines Prämonstratenserstiftes. 1136 war also die Geburtsstunde der Abtei.

Vor 75 Jahren, am 1. April 1911, wurde die damals größte und bevölkerungsreichste Landgemeinde Preußens zur selbständigen Großstadt erhoben.

Hamborns Struktur hat sich im Laufe von Jahrzehnten verändert. Ein Vergleich mit der Gegenwart macht deutlich, wie sich das Erscheinungsbild einer Stadt gewandelt hat. Bis auf wenige Straßennamen erinnert im Stadtbild fast nichts mehr an die bäuerliche Vergangenheit. Der Bergbau, einst Hamborns Stärke, ist verschwunden und die Menschen in der Eisen- und Stahlindustrie arbeiten heute unter anderen Bedingungen als vor 75 Jahren.

Dieser Band mit einer Auswahl seltener Ansichtskarten, alten Fotos und einigen Dokumenten soll dazu beitragen, die Erinnerung an das alte Hamborn wachzuhalten und das Interesse an der Heimatgeschichte zu wecken.

Alle in diesem Band veröffentlichten Bilder sind Reproduktionen alter Fotos aus der Zeit von etwa 1890 bis 1930, wobei alle Stadtteile berücksichtigt wurden.

Weitere Fotos und Dokumente zur Hamborner Stadtgeschichte sind immer willkommen.

Dem Betrachter wünschen wir beim Blick in Hamborns Vergangenheit viel Vergnügen, allen Freunden Hamborns ein herzliches „Glückauf".

Klaus-Jürgen Braun   Hans-Joachim Meyer

Marxloh

Die Kaiser-Wilhelm-Straße in Richtung Pollmann 1912. Im Hintergrund der Turm der evangelischen Kreuzeskirche. Links, an der Ecke Franz-Julius-Straße, lag das Konzert-Café Engels. In den 20er Jahren fanden dort „vornehme Künstler-Konzerte" statt.

Im Photographischen Atelier von F. Krüger in Marxloh ließen sich die Mitglieder des Tambour-Chor des kath. Jünglings-Vereins fotografieren.

Die Pollmannecke vor 1905, die beiden Gebäude ganz links im Bild (Hotel Marxloher Hof und die Wirtschaft Pollmann) mußten später dem Pollmannhaus weichen, das noch heute an der Ecke Weseler- und Kaiser-Friedrich-Straße steht.

Die Pollmann-Ecke 1928.
An der Pollmann-Ecke (Weseler Straße — Kaiser-Friedrich-Straße) hatte sich schon Ende der 70er Jahre des vorigen Jahrhunderts die Pollmannsche Schmiede angesiedelt, zu der im Laufe der Jahre ein kleines Haushaltwarengeschäft und eine Gastwirtschaft hinzukamen. Links daneben der „Marxloher Hof", Besitzer war H. Oberscheidt.

An der Duisburger Straße, Ecke Kampstraße, war die Gastwirtschaft von August Reinartz etabliert. Gegenüber lag der Schacht 1 und daran schloß sich das Gelände der Zinkhütte an.

Die Zinkhütte und Schwefelsäurefabrik Grillo 1890.
Schon im Jahre 1848 hat der Gründer der heutigen Firma Wilhelm Grillo in Hamborn-Neumühl an der Emscher Zink gewalzt. Mit dem Bau der heutigen Zinkhütte wurde 1880 an der Duisburger Straße / Buschstraße begonnen, nachdem der Wald dort abgeholzt wurde.

Der „letzte Hofesschulte" Heinrich Schulte-Marxloh (1842 — 1922) und seine Frau Margarethe Elisabeth Mathilde, geborene Kellermann (1858 — 1927).
Sein Hauptanliegen, sowohl als Gemeindeverordneter wie auch als Grundbesitzer, blieb das Bemühen um die Schaffung eines zusammenhängenden Stadtteils.

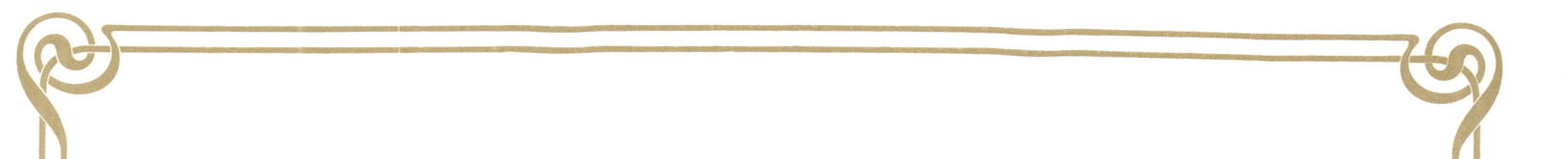

Gruß aus Marxloh!

Der Schulte-Marxloh-Hof
Von diesem bedeutenden Hof hat sich der Name Marxloh auf eine Bauernschaft und schließlich auf den Stadtteil ausgedehnt.
Die Geschichte des Gutes läßt sich bis in das Mittelalter zurückverfolgen. Noch 1850 gehörten zum Hof 364 Morgen Land- und Forstbesitz.
Das Bild zeigt Heinrich Schulte-Marxloh mit seiner Familie vor dem 1860 bezogenen Wohnhaus. Von dem Komplex steht nur noch das Wohnhaus an der Schulte-Marxloh-Straße, die Nebengebäude wurden zerstört oder abgerissen.

„Überschwemmung infolge starken Gewitterregens im Juli 1912 Weseler — Hagedornstr. Ecke" steht uter der Aufnahme. Die Durchführung der Kanalisationsarbeiten begegnete damals Schwierigkeiten. Sie konnte auf Grund der Bergschäden und Bodensenkungen mit dem Straßenbau nicht Schritt halten. So war zunächst nur eine teilweise Ausführung der Kanalisation möglich.

Sybillenstraße in Marxloh.
Gerne lassen sich einige Bewohner des Hauses und auch das Personal des bescheidenen Obst- und Gemüseladens 1900 fotografieren. Ein Fuhrunternehmen empfahl sich für Transporte verschiedenster Art.

1908 wurde der an der Bayern- und Warbruckstraße gelegene Jubiläumshain angelegt.
Der Beschluß zur Einrichtung und Namensgebung wurde 1906 gefaßt; Anlaß war die Silberhochzeit des Kaiserpaares am 27.2.1906.
Der Park, mit Kinderspielplätzen, Fußball- und Faustballplatz, war auch schon 1925 eine beliebte Erholungsstätte. Bei gutem Wetter fanden sonntags Konzerte statt.

Die Ansichtskarte von 1917 zeigt die Erfrischungshalle im Jubiläumshain.
In den 20er Jahren warteten fast 300 Sitzplätze auf hungrige und durstige Spaziergänger. Der damalige Pächter, Ernst Bernsmann, bot neben Getränken auch Schnittchen und Würstchen an.

Hinter dem „Gruß aus Marxloh", den letztlich die Post und nicht die zwei Schwalben überbrachten, verbergen sich kleine Ansichten aus dem Stadtgebiet.

Ecke Weseler- und Wiesenstraße nach den Kämpfen am 14.4.1920. An Stelle der zerstörten Schaufensterscheiben ist bereits Holzverkleidung getreten.

Einmarschierende Reichswehr zog Ostern 1920 über die Weseler Straße zum Rathaus Hamborn. Ein Schnappschuß von der Pollmann-Kreuzung.

Eine Ansichtskarte der Schachtanlage 1/6 an der Duisburger Straße um 1910.
Mit dem Abteufen von Schacht 1 wurde im Januar 1872 begonnen. Er war die älteste Schachtanlage auf Hamborner Gebiet. Die erste Kohle wurde allerdings erst 1876 gefördert.
Der Förderturm links blieb den Hambornern als eine der wenigen Erinnerungen an die vergangene Zeit des Bergbaus erhalten.

Ein Bild von den Arbeitsbedingungen unter Tage vermittelt diese Karte um 1920.

Weseler Straße Ecke heutige Dahlmannstraße 1920. Der Rundbogen im Eckhaus war der Eingang zu einem Kino („Modernes Theater") das noch bis in die 60er Jahre bestand.

Im Jahre 1899 gründeten die jüdischen Bürger aus Bruckhausen, Marxloh und Alt-Hamborn einen Synagogenverein. Der Versammlungsraum befand sich bis 1938 in dem kleinen Haus (ganz rechts im Bild) an der Kaiser-Friedrich-Straße, gegenüber der Kreuzeskirche..
Das Foto von 1929 zeigt auch den Rohbau des Gatermannschen Hauses an der Ecke Roonstraße.

Mit Beginn des Schuljahres 1904 wurde für 68 Knaben in zwei Klassen ein Realgymnasium in Hamborn eröffnet.
Vorläufiges Schulgebäude war ein Erdgeschoß in einem Wohnhaus. 1906 zog die Schule in dieses Gebäude an der Dahlmannstraße. Im Krieg wurde die Schule völlig zerstört.

Hochzeit des Hamborner Stadtkasseninspektors Heinrich Hauschild am 18.4.1914.
Heinrich Hauschild aus Marxloh war in den 20er und 30er Jahren engagierter Heimatforscher und sammelte Artikel zur Hamborner Stadtgeschichte.

Der rote Backsteinbau der evangelischen Kreuzeskirche an der Kaiser-Friedrich-Straße wurde am 25.7.1905 eingeweiht. Die Aufnahme entstand kurz vor der Vollendung des Rohbaus.

In der Nähe der Schwabenstraße baute im 18. Jahrhundert Küper seine Heimstätte. Später ging sie in den Besitz der Familie Rademacher über. Letzter Besitzer war der Bauunternehmer Franz Brüggemann. Das Fachwerkhaus, hier ein Foto aus den 20er Jahren, steht längst nicht mehr.

In den 30er Jahren des vorigen Jahrhunderts lagen die Besitzungen von Biedemann an der Landstraße nach Wesel. Nachdem die Ländereien an die Gewerkschaft Deutscher Kaiser verkauft wurden, errichtete Gerhard Biedemann an der Weseler Straße eine Restauration. In der Nähe lag das Wasserwerk und der Schacht 2.

Hamborn-Marxloh. - Parkstrasse.

Eine ruhige Wohnstraße mit reich verzierten Häusern war die Parkstraße (heute Am Grillpark) im Jahre 1915.

In der Wolfsstraße 1921.

Marxloh total im Jahre 1909. Rechts die heutige Kaiser-Friedrich-Straße. Der unbebaute Platz ganz links ist der heutige August-Bebel-Platz. Seit 1901 finden dort Wochenmärkte statt. Ursprünglich sollte das Hamborner Rathaus dort errichtet werden.

Das Hamborner Stadion im Volkspark am Schwelgernpark wurde anläßlich des 25jährigen Gemeindejubiläums durch den damaligen Oberbürgermeister Dr. Rosendahl am 20. September 1925 eröffnet. Ein Blick auf die Ehrentribüne mit (stehend) OB Rosendahl.

Vielleicht können sich noch Hamborner Bürger an die vielseitigen Darbietungen der Eröffnungsfeier erinnern.

In den Folgejahren zogen Radrennen, Leichtathletik, Boxkämpfe und Fußballspiele tausende von Besuchern an. Hier ein Radrennen im Juni 1929. Im Hintergrund der Turm der Kibitzmühle.

So sah die Kibitzmühle aus, als sich vor etwa 60 Jahren ihre Flügel noch drehten. Als einzige Windmühle auf Hamborner Gebiet wurde sie 1856 in Betrieb genommen. Nachdem die Mühle knapp zehn Jahre später abgebrannt war, wurde sie 1870 wieder aufgebaut. 1911 ging das Grundstück mit der Mühle und dem Wohnhaus von dem letzten Mühlenbesitzer Heinrich Wolters an die Gewerkschaft Deutscher Kaiser über. Der heutige Mühlenturm ist als Denkmal erhalten.

Als der Rhein stillstand...
Das Foto zeigt den zugefrorenen Rheinstrom bei Hamborn im Jahre 1929. Einer der strengsten Winter dieses Jahrhunderts war 1929, er brachte Rekordtemperaturen bis zu 41 Grad unter Null. Der Rhein fror zu und wurde von Mutigen sogar mit dem Auto oder Pferdefuhrwerk überquert.

HAMBORN-MARXLOH Partie am Hindenburgplatz mit Weselerstraße

Die Straßen an der Pollmann-Ecke, hier ein Blick in die Weseler Straße in den 20er Jahren, waren seit der Jahrhundertwende Einkaufszentrum für die Bürger Marxlohs.

Inneres der St. Barbara Kirche an der Warbruckstraße in den 20er Jahren. Die Gemeinde erwarb schon 1928 an der Ecke Ziegelhorst- und Fahrner Straße ein Grundstück, wo in den 50er Jahren mit dem Bau der heutigen Kirche begonnen wurde.

Der „Rheinische Hof", Ecke Provinzial- und Krügerstraße, steht heute noch fast unverändert an gleicher Stelle. 1910 verschönerten noch Bäume die Weseler Straße in Richtung Walsum.

Kohle war einst Hamborns Stärke. Die nördlichste Schachtanlage, sie lag an der Weseler Straße, wurde 1896 in Betrieb genommen. Auf der Abbildung links Schacht 5 mit der Kohlenwäsche, davor die beiden Zechenziegeleien, im Hintergrund von Schacht 2, Bildmitte, die elektrische Zentrale Marxloh, 1976 wurde die Förderung eingestellt.

Zwischen Winterfeld- und Nordstraße in Fahrn lag der Borgardshof, der nach dem letzten Inhaber Heinrich Scherrer aus Alsum den Namen Scherrershof führte. Um 1900 wurde der Hof und die Ländereien an die Gewerkschaft Deutscher Kaiser verkauft.

Das Gebäude ganz rechts ist das städtische Wohlfahrtshaus an der Fahrner Straße. 1905 wurde es seiner Bestimmung übergeben und nahm alte und obdachlose Mitbürger sowie Waisenkinder auf. Das Foto zeigt noch etwas „Landwirtschaft", 1923 wurde der landwirtschaftliche Betrieb abgetrennt und auf den Schulte-Mattler-Hof verlegt.

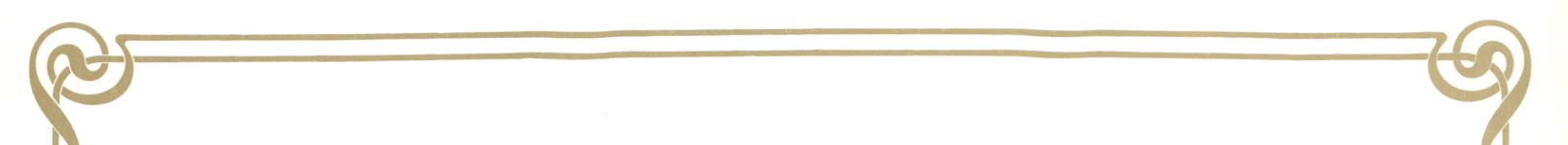

Für die Polizei wurde an der Ziegelhorststraße eine Kaserne gebaut. Die Unterkunft selbst bestand aus einem Bereitschaftsgebäude für 2 Hundertschaften. Angebaut war eine Garage für 10 Kraftwagen, Stallungen für 42 Pferde sowie eine Reit- und Turnhalle. Abgebildet ist die Grundsteinlegung 1924. Heute steht auf dem Gelände ein Supermarkt.

Verwaltet wurde der Thyssen-Bergbau von diesem Gebäude an der Duisburger Straße.

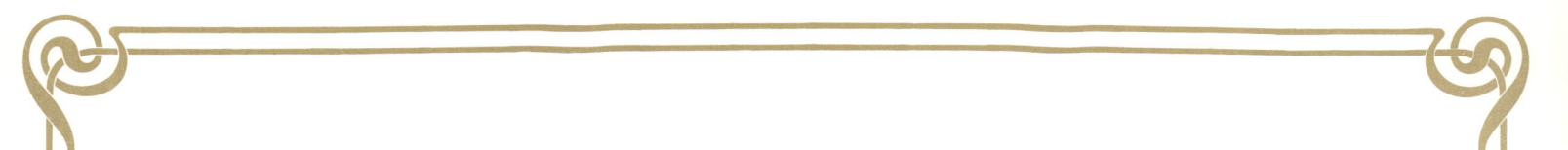

Noch recht beschaulich und verkehrsarm sah um 1905 die Umgebung der evangelischen Kirche in Aldenrade aus.

An der Kaiser-Friedrich-Straße, Ecke Hermannstraße, stand bis in die 40er Jahre eine evangelische Volksschule. Das Erinnerungsfoto des Lehrerkollegiums wurde 1912 angefertigt.
Abgebildet sind, in der ersten Reihe sitzend von links, Herr Binder, Frau Imhorst, Rektor Gatermann, Frau Lennemann und Herr Tauffmann.

Sehr dekorativ hat der Klemptner und Installateur Johann Güldenbecher 1902 sein Angebot moderner Sanitärtechnik ausgebreitet. Das Werkstattgebäude stand an der Warbruckstraße.

Bruckhausen
Alsum
Schwelgern

Bevor 1903 diese Brücke über das Thyssen-Gelände gebaut wurde, hatte man Unannehmlichkeiten. Die Straßenbahn aus Ruhrort-Bruckhausen kommend, endete an den Schienen der damaligen Werksbahn. Zu Fuß mußten die Fahrgäste die Schienenstränge überqueren und einen anderen Wagen besteigen, der sie nach Pollmann brachte. Erst 1959 begann man die Brücke großzügig auszubauen. Die Aufnahme wurde um 1920 gemacht.

Die Kaiser-Wilhelm-Straße in Bruckhausen nach dem Bau der elektrischen Straßenbahn, um 1920. Rechts im Bild die sogenannte „Zitronenvilla", die als Dienstwohnung für Direktoren der Gewerkschaft Deutscher Kaiser diente.

Wo sich heute das moderne Hochhaus der Thyssen-AG erhebt, stand früher das Beamten-Casino.

Salon im Beamtenkasino mit festlich gedeckter Tafel.

Der Scholtenhof, eine Aufnahme von 1913, diente als Baugelände für die neue Liebfrauenkirche an der Schulstraße.

Und so sah die Kirche nach der Vollendung 1915 aus. Die Fundamente mußten wegen möglicher Bergschäden besonders konstruiert werden.

Brinks Kotten um 1913. Er lag am Markt gegenüber der katholischen Notkirche und diente bis 1905 den Schwestern „Unserer Lieben Frau" als Kinderbewahranstalt. Die Buchhandlung und Buchbinderei von Paul Dermann verlegte das Geschäft später in die Kaiser-Wilhelm-Straße.

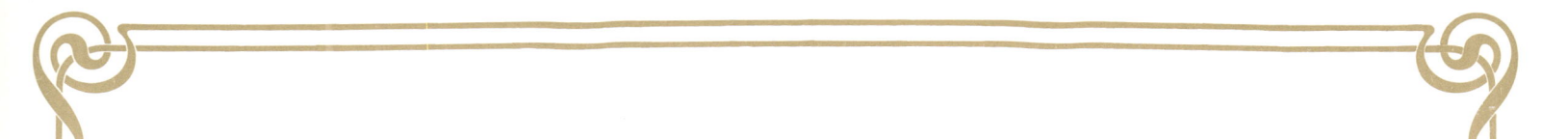

Der Beginn des Kraftfahrbetriebes bei der heutigen Thyssen AG mit den ersten Personenwagen und einem Lieferwagen, der die Aufschrift „Dampfwäscherei Gewerkschaft Deutscher Kaiser" trägt. Die Aufnahme wurde 1909 vor den Garagen bei Tor 1 gemacht.
Links steht Fritz Roellecke bei seinem französischen „Brassier", seine Kollegen, die Gebrüder Graetz, fuhren deutsche „Benz"-Wagen.

So sah die Werksfeuerwehr der heutigen Thyssen AG um 1920 aus. Sie besteht seit 1902 und wurde von Generaldirektor Dahl gegründet. Vor dem Feuerwehrdepot sind Motorspritze, ein Schlauchwagen und eine mechanische Leiter zur Inspektion aufgefahren. In der ersten Etage des Gebäudes war von 1902 bis 1916 die Werksschule untergebracht.

„Fremden ist das Betreten des Werksgeländes untersagt", verkündet das Schild im Hintergrund. Daß kein Unbefugter das Gelände der Gewerkschaft Deutscher Kaiser betrat, darüber wachten die Mitarbeiter der Abteilung Werkschutz, die damals an ihren schmucken Uniformmützen zu erkennen waren.
Zwischen 1900 und 1905 entstand diese Aufnahme.

Das über tausend Jahre alte Bauern- und Schifferdorf Alsum gibt es nicht mehr. Durch den Bergbau abgesunken, durch den letzten Krieg in ein Trümmerfeld verwandelt und als Wohngebiet nicht mehr zu sanieren, liegt Alsum heute unter zehn Meter hohen Aufschüttmassen begraben.
Hier ein Arbeiterwohnhaus um 1910.

Die Mitarbeiter des Laboratoriums der Gewerkschaft Deutscher Kaiser vor ihren Arbeitsräumen 1899.

Die Wirtschaft „Zum Deutschen Kaiser-Hafen„. 1899 entstand diese Aufnahme. Ab 1908 wurde die Gaststätte in „Gasthaus zur Post" umbenannt, nachdem dem Wirt Johann Rühl die Alsumer Postagentur übertragen wurde.

Mit gutem Recht ist Alsum auch als Schifferdorf bezeichnet worden. Seit Jahrhunderten betätigen sich Bewohner auch in der Rheinschiffahrt. 1880 lebte in Alsum noch Karl Müller als selbständiger Rheinschiffer. Auch Hermann Diergardt, als Hufs-Schiffsschmied und Schlossermeister profitierte davon. Sein schönes Fachwerkhaus wird von einer kunstvoll geschmiedeten Wetterfahne gekrönt und an der Hausecke hängt ein Anker. Das Datum der Aufnahme ist unbekannt.

Früher war der Schwelgerbruch ein stark versumpftes Gelände. Bei steigendem Wasserstand des Rheins wurden die sauren Wiesen, auf denen die Hüttenmänner und Bergleute ihre Ziegen und Schafe weideten, weithin überflutet. Wie beliebt die „Kuh des kleinen Mannes" in Hamborn war, läßt das Bild deutlich erkennen.
Im Hintergrund die Schachtanlage 2/5. Die Baumreihe davor steht an der Straße Hamborn-Walsum.

„Heuernte" am Rande des Hamborner Stadions, ca. 1920.

Der Atrops-Hof hieß bis 1847 Schürmanns-Hof und gehörte zu den ältesten Höfen des Schwelgernbruchs. Unmittelbarer Nachbar war der Maashof, beide dicht am Rhein gelegen.
Die Aufnahme entstand 1910 und zeigt, in der Mitte am Tisch sitzend, die letzte Besitzerin, Witwe Wilhelmine Atrops, geborene Schulte-Marxloh. Später kaufte die Industrie das Hofgelände.

Erinnerungsfoto aus der Urzeit des Fußballs. Es ist die Gründungsmannschaft von Hamborn 07 (rechts im gestreiften Trikot) und dem Homberger SV vor einem Freundschaftsspiel 1909.

Die ehemalige Hafenstraße führte zur Dampferanlegestelle am Rhein, nördlich von Alsum. Hinter der Schrebergartenanlage die Verladekräne des Schwelgernhafens.

Während der Kriegsjahre 1914/18 waren auch Frauen bei der Gewerkschaft Deutscher Kaiser beschäftigt. Ein Schnappschuß im Aufenthaltsraum während einer Pause.

Neumühl
Schmidthorst

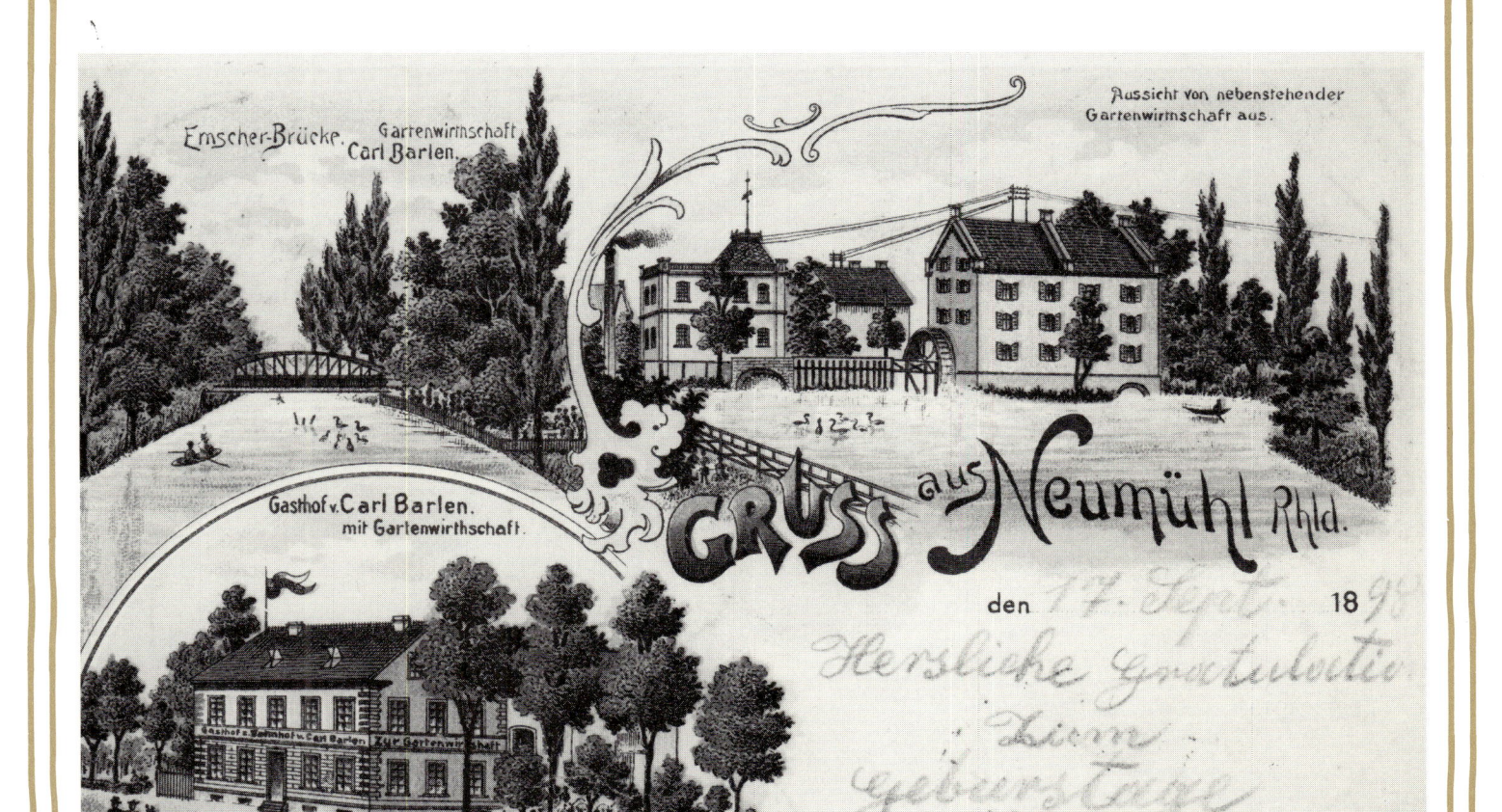

Eine der ältesten Ansichtskarten von Neumühl. Der Gasthof „Zum Bahnhof" von Carl Barlen lag an der Duisburger Straße, unmittelbar an der alten Emscher. Von der Gartenwirtschaft hatte man einen prächtigen Blick auf die Morians Mühle, auf der Emscher waren damals noch Kahnpartien möglich.

Hamborn-Neumühl. Herz Jesu-Kirche.

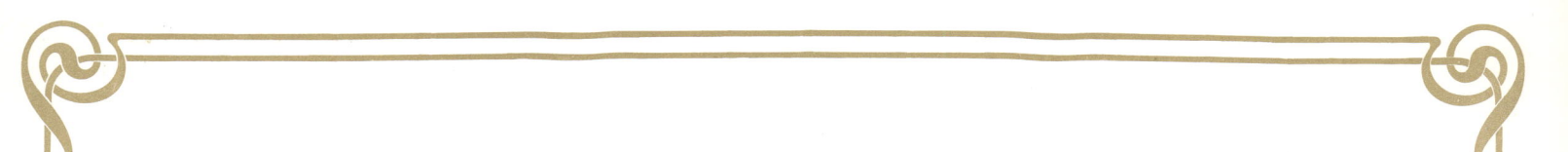

Im Hamborner Stadtgebiet waren 1925 sieben katholische Kirchen vorhanden. Die einzige zweitürmige Kirche war die Herz-Jesu-Kirche, 1913 geweiht, im Stadtteil Schmidthorst an der Holtener Straße. Kulisse war 1917 der Haldenberg der Zeche Neumühl.

Die Holtener Straße im Jahre 1909. Im Hintergrund das Werkstor der Zeche Neumühl, rechts das Wohnhaus des damaligen Werkdirektors Wilhelm Bentrop. Die gesamte Partie gibt es heute nicht mehr.

Bandonion-Club „Frei weg", Hamborn.

Die Zieharmonika gehörte in der Arbeiterbewegung zu den bevorzugten Instrumenten. Wann sich der Bandonion Club „Frei weg" Hamborn so malerisch postierte, war nicht zu ermitteln.

Zeche Neumühl

Die Fördertürme von Schacht 1 und 2 der Zeche Neumühl sind gut zu erkennen, aufgenommen 1910. Die Zeche Neumühl hat sich schnell entwickelt. Die im Jahre 1897 aufgenommene Kohleförderung stieg 1900 bereits auf jährlich 470.000 t. 1913 arbeiteten auf der Zeche Neumühl 5730 Mann.

Für die Männer waren die Waschkauen auf der Zeche für das tägliche Reinigungsbad bestimmt. Wannen- und Brausebäder für Familienangehörige gab es in einem Haus an der Lehrerstraße.

Dieser Geldschein wurde 1923 durch das Steinkohlebergwerk Neumühl ausgegeben. Bei dem Wort „Notgeld" wird wohl jeder zuerst an Scheine der Inflationszeit denken. Da Reichsbankgelder ausblieben, war die Zeche Neumühl gezwungen, Notgeld herauszugeben, „welches von sämtlichen hiesigen Banken, den öffentlichen Kassen und unserer Zechenkasse eingelöst wird". Der höchste Wert lag übrigens bei 1 Billion Mark.

Das Anwachsen der Zechenbelegschaften war so stark, daß zeitweise Hilfswohnungen für zugewanderte Bergleute eingerichtet wurden. An der damaligen Dorotheenstraße, eine Nebenstraße der Lehrerstraße, wurden diese Hilfswohnungen eingerichtet, aufgenommen 1906.

Vielleicht können sich noch Neumühler Hausfrauen an die Konsumanstalt 1 der Zeche erinnern. Das Haus stand direkt neben dem Zechentor an der Holtener Straße.

Ein Erinnerungsfoto aus dem Jahre 1919.
Die Linie H fuhr von der Zeche Neumühl über Nobertuskirche, Hamborn Bahnhof, Weseler Straße und endete an der Rheinwerft in Alsum. Für diese Strecke benötigte der Wagen 23 Minuten, der Fahrpreis betrug damals 20 Pfennig.

Die Gewerkschaft Neumühl hatte für ihre Werksangehörigen fünf Konsumanstalten errichtet. Die Konsumanstalt 2 stand an der Lehrerstraße. Im Zuge der Sanierung von Neumühl wurde das Haus in den 60er Jahren abgerissen.

Viele Zuschauer lockte dieser Umzug auf die Halfmannstraße. Um welchen Festzug es sich handelte ist unbekannt.

Alte Post in Neumühl 1890.
Auf Antrag von Daniel Morian wurde am 1. August 1876 in Neumühl eine Postagentur eröffnet. Friedlich scheinen damals die Verhältnisse in Neumühl nicht gewesen zu sein, denn infolge unsicherer Zustände mußte die Landzustellung im Winter eingeschränkt werden und die Briefträger baten um Ausrüstung mit Seitengewehren.

In der Ortschaft Neumühl befand sich eine im Jahre 1669 an der Emscher erbaute Mehlmühle. Die Bauern von Hamborn und Buschausen und der Herrlichkeit Meiderich waren verpflichtet, hier mahlen zu lassen. Im Jahre 1753 ging die Mühle an die Familie Morian. Sie wurde seit 1864 von Daniel Morian betrieben und 1866 nochmals umgebaut.

Die freiwillige Feuerwehr von Morians Mühle 1914. Außer der Mehlmühle bestand an der Emscher eine Ölmühle, die ebenfalls in den Besitz von Morian überging. In den 70er Jahren wurde die Mühle in eine Fabrik für geschnittene Eisen-, Kupfer-, und Zinknägel umgebaut.

Die älteste evangelische Schule Hamborns steht an der Gartenstraße, hier um 1909.
Um 1670 stellte die evangl. Kirche von Beeck auf der Platvoitschen Hufe (an der heutigen Gartenstraße) in Schmidthorst ein Grundstück bereit. Und als Kurfürst Friedrich Wilhelm von Preussen 1671 Bauholz zur Verfügung stellte, wurde 1672 die Schule fertiggestellt. Sie wurde auch von Kindern der Bauernschaft Marxloh besucht. Die Familie Otterbeck stellte im 18. Jahrhundert durch mehrere Generationen die Lehrer.

Durch die starke Entwicklung des Bergbaus in Neumühl wurde die Errichtung eines Krankenhauses in diesem Stadtteil notwendig. 1906 war das St. Barbara Hospital vollendet und konnte 150 Kranke versorgen. Das Bild zeigt einen „schönen und luftigen" Kinderspielsaal, wie im Prospekt von 1927 zu lesen war.

Feucht-fröhlich ging es auf dem Ausflug des Männergesangvereins „Sangeslust" im Mai 1912 zu.

Alt-Hamborn

Als Hamborn noch Gemeinde war (vor 1911), stellten sich auch die Verwaltungsbeamten einem Gruppenfoto. Am Tisch rechts sitzt Bürgermeister Friedrich Schrecker. Abgebildet sind u.a. auch die Leiter des Schulamtes, Hähn, Vermessungstechniker Cornelissen, der Standesbeamte Ohoven und natürlich auch Kommissar Lichterfeld von der Polizei.

Richtfest des Hamborner Rathauses.
Am 1.4.1900 wurde Hamborn mit 29.000 Einwohnern selbständige Gemeinde. Die 85 Mann starke Verwaltung wurde zunächst in angemieteten Räumen eines Hauses in Marxloh untergebracht. 1902 wurde der Grundstein zum Rathaus gelegt, 1903 bereits Richtfest gefeiert und am 28. Juni 1904 wurde das Gebäude eingeweiht.

Gruss aus Hamborn   Blick vom Wasserturm

Eine Rarität, Hamborn 1902.
Im Vordergrund, von links kommend, die Ranenbergstraße, die sich vor dem Eckhaus mit der Parallelstraße trifft. Die Eisenbahnlinie kam vom Bahnhof Neumühl. Sie kreuzt die Harnackstraße und führte Richtung Schacht 1/6 an der Duisburger Straße.

Blick über den Altmarkt zum Rathaus in den 20er Jahren. Vielleicht entdeckt der Betrachter selber, was sich inzwischen alles verändert hat.

Ein historisches Foto.
Am 1. April 1911 stellt sich das Gemeinde-Parlament zur Feier der Verleihung der Städteordnung an die Gemeinde Hamborn im Rathaushof zur Gruppenaufnahme. Hamborn war Stadt.

Die Mitglieder des Gemeinderats sind in der Reihenfolge von oben nach unten und von links nach rechts: 1. Reihe: Herzinger, Meyer, Froitzheim, Tofahrn, Reinartz, E. Müller, Kujawski, Ullmer. 2. Reihe: Carré, Neuhaus, Finkenbrink, Küsters, Schröer, Lorenz, Benthin, Breitbach, Schmeding, Freundlieb, Embett, Eisbrüggen, Gottlieb, Schwettmann. 3. Reihe: Bruch, Kapell, Piroth, Brennekämper, Milz, Ahlfänger, Möllmann, Vogel, Conrad, Stockum, Nießen, Pape, van Ackeren. 4. Reihe: Sest, Rau, Wösthoff, Stahl, Buß, Schäfer, Buschmann, Heine, Brüggemann, Hanse, Agten, W. Schmitz, F. Müller. 5. Reihe: Möwes, Terschüren, Schieß, Köppen, Wilke, Schick, Reichart, Murmann, Schichthorn, Renner, Kremer, Nattkamp, Haferkamp, Holler, Schroer, Pley (Bürodirektor). 6. Reihe: Kaldenhoff, Marré, Senock, Langhoff, 1. Beigeordneter Mühlens, Hottelmann, Bürgermeister Schrecker, 2. Beigeordneter Schweizer, Mommertz, Bentrop, Dr. Arens, Bleckmann, Dr. Müller, Reidick.

Der Ratskeller, rechts im Bild, bot 1916 Hotel- und Restaurationsmöglichkeiten. Häufig „Absteigequartier hoher Regierungsbeamter", versichert der damalige Pächter Carl Wilms in einer zeitgenössischen Werbeschrift. Beachtenswert die Bildwerbung der Firma Arnold Pollmann, die in Marxloh ein umfangreiches Geschäft betrieb.

Zur Erinnerung an die Stadterhebung gab die „Hamborner Volkszeitung" 1911 eine Erinnerungsmedaille heraus. Die Vorderseite zeigt das reichverzierte Stadtwappen, auf der Rückseite ist das Rathaus abgebildet.

Wilde Streiks und Umtriebe erschütterten die Nachkriegsjahre. Eine Aufnahme vom Februar 1919 zeigt die Beschädigungen des Hamborner Polizeigefängnisses an der Parallelstraße nach Straßenkämpfen.

Bis 1912 war der Name Hamborn in keinem Fahrplan zu finden. Erst 1912 wurde ein Bahnhof für den Personenverkehr eröffnet. Das Foto zeigt die Ehrengäste anläßlich der Einweihungsfeier vor dem geschmückten Gebäude. In der Bildmitte Bürgermeister Schrecker, daneben der Eisenbahndirektionspräsident Lehmann aus Essen.

Seit 1921 betrieb ein Verein ein „Licht- und Luftbad". Es lag dem Hamborner Bahnhof gegenüber und diente der städtischen Erholungsfürsorge. Die Anlage war ganzjährig, also auch im tiefsten Winter mit etwa 50 - 80 Kindern belegt. 1927 wurden zwei Schwestern zur Betreuung eingestellt. Die Kinder kamen täglich morgens um 10.00 Uhr, wurden gegen 17.00 Uhr entlassen und erhielten auch Verpflegung. Februar 1925 wurde das Erinnerungsfoto gemacht.

Auf seinem Hof ließ sich der Landwirt und Ziegeleibesitzer Wilhelm Hottelmann 1898 mit seiner Familie fotografieren. Der Hottelmannshof lag südlich der Beeckerstraße und hieß noch im 18. Jahrhundert Bremmenkampshof. Durch Heirat kam der Hof um 1813 an die Familie Hottelmann. Von diesem Hof stammt Wilhelm Hottelmann, lange Jahre Beigeordneter der Stadt Hamborn. Er schenkte der Gemeinde ein Grundstück im Werte von fast 30 000 Goldmark, auf dem das Rathaus errichtet wurde.

> Auch die Freundschaft windet Kränze,
> Nicht aus Rosen, nein aus Immergrün;
> Denn die Rosen blühen nur im Lenze,
> Unsre Freundschaft aber die soll ewig blüh'n.
>
> Zum Andenken an
> Maria Schulte Marxloh.
>
> Marxloh den 2 Juni 1872.

Eine Seite aus dem Poesiealbum von Hermine Hottelmann. Freundschaftliche Bindungen wurden zwischen den alten Hamborner Bauernfamilien gepflegt. 1872 „verewigte" sich Maria Schulte-Marxloh mit einem Vers.

HAMBORN, Rathaus

Vor 1910 wurde das Rathaus aus dieser Perspektive aufgenommen.

Reichswehr vor dem Rathaus.
Ende März 1920 kam es im Industrierevier und auch in Hamborn zu Unruhen, am 1. April zu einem Generalstreik, bis schließlich die Reichswehr am 1. Ostertag 1920 einzog, um Ruhe und Ordnung herzustellen.

Ein Panorama-Blick vom Hamborner Wasserturm. Im Vordergrund die Duisburger Straße mit der evangelischen Friedenskirche und dem sich dahinter anschließenden Nordfriedhof. Im Hintergrund erkennt man den Turm der Norbertuskirche. Die evangl. Friedenskirche wurde 1897 eingeweiht. Sie ist die älteste evangl. Kirche Hamborns. Kaiserin Auguste-Viktoria schenkte der Gemeinde zur Einweihung eine silberbeschlagene Altarbibel.

An den königlichen Eisenbahnbeamten Josef Struck wurde 1911 diese Ansichtskarte vom Haus Beeckerstraße 256 adressiert. Das Colonialwaren-, Delikatess- und Aufschnitt-Geschäft wurde längst in eine Wohnung umgebaut.

Der Kavallerie-Verein Hamborn in historischen Uniformen preußischer Regimenter, aufgenommen im August 1928 vor dem Schlachthof.

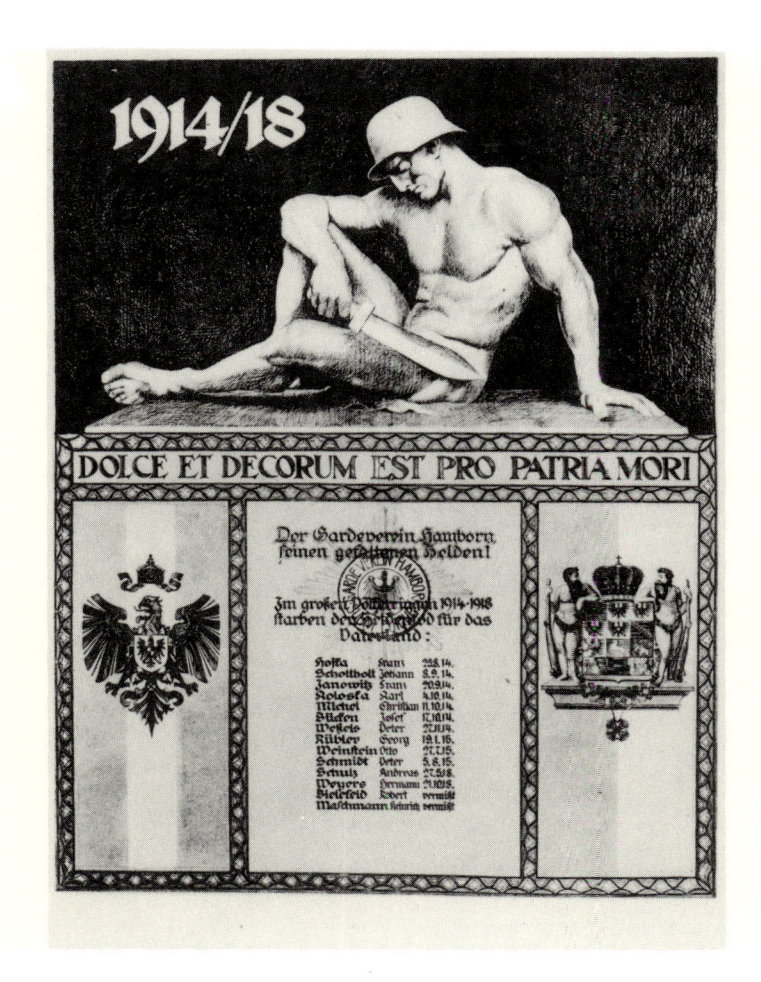

Der Gardeverein Hamborn gab in den 20er Jahren diese Erinnerungskarte an die gefallenen oder vermißten Mitglieder heraus.

Straßenverkehr am Altmarkt 1912.
Die Kugellampen am Haus rechts rückten die Auslagen des damaligen Textilhauses Lazarus ins rechte Licht. Gegenüber, Ecke Alleestraße, bot S. Kaufmann sein Schuhsortiment an.

Der obere Teil der heutigen Jägerstraße hieß früher Alleestraße. Links, wo die Reichenberger Straße einmündet, befand sich im Eckhaus die 1912 gegründete Löwen-Apotheke. Heute ist aus der Jägerstraße eine beliebte Fußgängerzone geworden.

Mit Pferd und Wagen wurde 1924 der Wochenmarkt auf dem Altmarkt beschickt.

Feuerwehr-Übungsturm 1910.
Kurz vor der Gründung der Bürgermeisterei waren in Alt-Hamborn in einem Spritzenhäuschen an der Gartenstraße je eine alte Spritze, eine Wasserkufe und sonstiges Kleingerät vorhanden. Eigentliche Feuerwehren bestanden nicht. Der Not gehorchend wurde 1898 in Alt-Hamborn eine freiwillige Bürgerfeuerwehr gegründet. Hier die 1. Kompanie vor dem Übungsturm am Altmarkt.

Gruss aus Hamborn   St. Johannes-Hospital

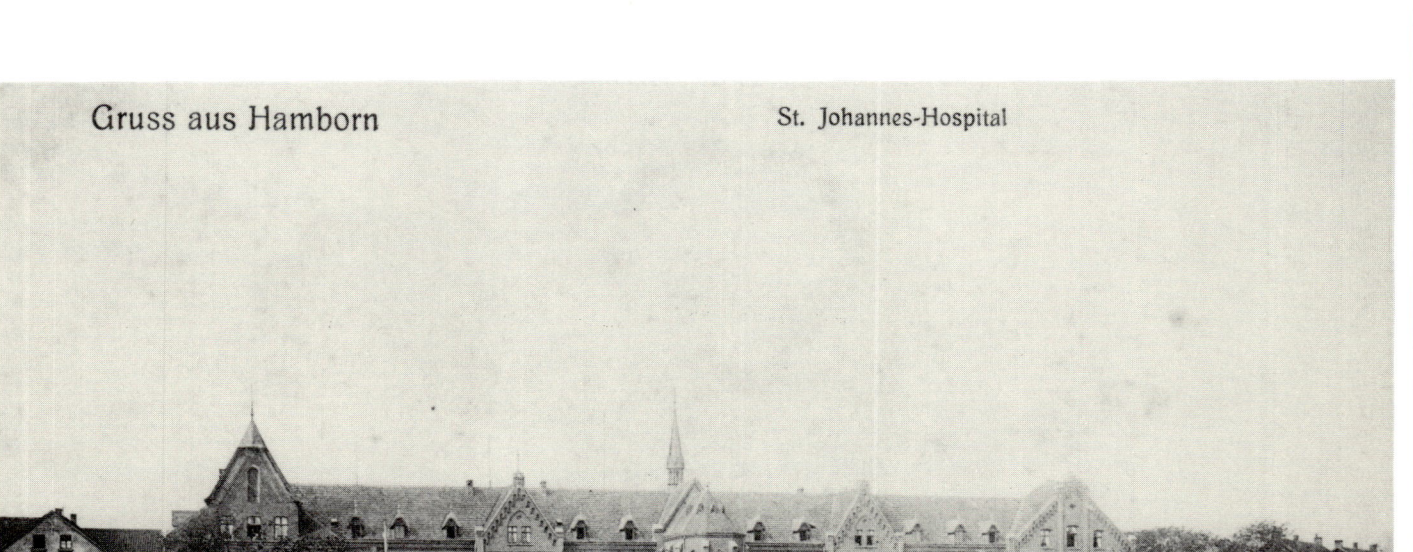

Das Johannes-Hospital zählt heute zu den größten konfessionellen Krankenhäusern der Bundesrepublik. Es wurde 1873 von Pfarrer Klösges gestiftet. 1898 erfolgte ein größerer Anbau mit zentraler Kapelle, die in der Bildmitte zu erkennen ist. Der letzte große Erweiterungsbau (Rundbau) war im Jahre 1929 vollendet, so daß seitdem 1200 Betten vorhanden waren.

Hamborn – Evang. Krankenhaus

Das Evangelische Krankenhaus in Hamborn wurde im Volksmund „Morian-Stift" genannt. Es tat bis 1972 seinen Dienst und wurde dann abgerissen. Die Erben des Kaufmanns Liebrecht schenkten der evangl. Kirchengemeinde ein Grundstück „Im Birkenkamp". Eduard Morian vermachte 100 000 Mark für den Bau. Eröffnet wurde das Krankenhaus am 2.12.1909.

1905 wurde das heutige Abteigymnasium als Oberlyzeum für Mädchen gegründet. Wegen der großen Schülerinnenzahl wurde 1909 ein Neubau erforderlich, der bis heute mehrmals um- und angebaut wurde.

Die Schulküche des Oberlyzeums.

Die Firma Leonhard Tietz eröffnete 1929 in Hamborn an der Duisburger / Ecke August-Thyssen-Straße ein Kaufhaus. Es galt damals als eines der modernsten Warenhäuser Westdeutschlands.
Mit dem Bau des abgebildeten Amtsgerichtes wurde im Juli 1927 begonnen.

Das Rathaus war ein wichtiger Verkehrsknotenpunkt und eine Drehscheibe für den Straßenbahnverkehr in alle Stadtteile. Hier die Haltestelle Rathausstraße 1914. Im Hotel „Reichskrone" an der Ecke war ein Warteraum der Städtischen Straßenbahnen eingerichtet.

Die Jahrtausendfeier des Rheinlandes 1925 hat Hamborn auch ein städtisches Museum gebracht. Untergebracht war es zunächst im Rathaus, bis 1929 Räume in der gewerblichen Berufsschule bereit standen. Museumsleiter war Prof. R. Stampfuß. Zu besichtigen waren eine Sammlung vorgeschichtlicher Funde, Urkunden, Bücher und Bilder aus Hamborns bäuerlicher Vergangenheit sowie Dokumente zur Geschichte der Hamborner Abtei.

Ein besonderer Raum zeigte einen behaglichen niederrheinischen Wohnraum mit Schränken, Truhen, Zinn und tellergeschmückten Gesimsen.

Bilder von Höfen oder Katstellen aus der Frühzeit sind kaum erhalten. Das abgebildete Fachwerkhaus läßt sich nur mit dem Namen Höfelmann in Verbindung bringen. Wo dieses Haus stand war nicht zu ermitteln.

Ein Blick in das Fotoalbum der alten Hamborner Familie Hottelmann um 1900.

Auf der heutigen Kolpingstraße, die früher Königstraße hieß, stellte sich der Konditor Josef Hoffrogge nebst Personal vor sein Haus. 1912 entstand diese Postkarte, die auch Werbung für die Spezialitäten des Hauses machen sollte.

Hamborn — Partie im Park.

Gemeindewald lautete früher der Name des heutigen Stadtparks an der Hamborner Straße. Die öffentliche Parkanlage wurde 1905 angelegt.

50jähriges Jubiläum von Bergwerksdirektor Mommertz 1925. Einige Persönlichkeiten, die mit dem Namen Hamborn untrennbar verbunden sind, fanden sich zur Gratulation im Kasino Wittfeld ein.
In der 1. Reihe sitzend, 2. von links, OB Dr. Rosendahl, 4. von links der Jubilar, rechts daneben Dr.-Ing. E.H. August Thyssen und Prälat Dr. Laakmann, Pfarrer von St. Johann (Abtei-Kirche).

1910 wurde die Hamborner Straßenbahn gegründet, die den Verkehr zwischen den Stadtteilen Alsum, Bruckhausen, Schmidthorst und Neumühl erschließen sollte. Der Wagenzug wurde 1911 vor dem Betriebshof an der Schlachthofstraße fotografiert.

Der Hamborner Bahnhof im Jahre 1917.
Die Straßenbahn an der Haltestelle kam aus Neumühl und warb mit einem Plakat im Fenster für eine Aufführung des Hamborner Musikvereins.

Zur silbernen Hochzeit der Eheleute Hottelmann stellten sich Verwandte und Freunde im Garten dem Fotografen. Man sieht deutlich, wie die Industrie (Kühltürme der Kokerei) das damals noch ländlich strukturierte Hamborn auflösen.

Pfingsten 1927 feierte der katholische Gesellenverein St. Johann in Hamborn sein Silberjubiläum über 3 Tage. Abends trafen sich Mitglieder und Ehrenmitglieder hier im Vereinshaus an der Klosterstraße (heute An der Abtei) zur Festversammlung.

33 Musik- und 15 Dilettanten- und Theatervereine (sogenannte „Vergnügungsvereine") gab es um die Jahrhundertwende in Hamborn. 1910 war J. Kraus Direktor der Theater- und Zither-Gesellschaft Hamborn.

Um die Jahrhundertwende ging die Gewerkschaft Deutscher Kaiser dazu über, die Einschachtanlagen zu modernen Doppelschachtanlagen auszubauen. Die erfolgreiche Abteufung von Schacht 6 an der Duisburger Straße dokumentiert dieses Foto von 1905, mit allen an diesem Werk beteiligten Mitarbeitern.

850 Jahre
Abtei Hamborn
1136 — 1986

Hamborn (Rhld.) Partie an der Grünstraße

Von der Grünstraße, der heutigen Dieselstraße, bot sich um 1915 dieser Anblick auf die Abteikirche und das Klostergebäude. Das Haus in der Bildmitte ist die Rückfront des katholischen Vereinshauses.

Hamborner Abtei.
Der nördliche Flügel des Kreuzganges stammt aus dem 12. Jahrhundert, er gehört zu den schönsten romanischen Kreuzgängen der Rheinlande. 1913 wurde er restauriert und blieb so bis zur Zerstörung des Obergeschosses im Jahre 1944 erhalten.

Ein mittelalterliches Kunstwerk in der Abteikirche ist ein Taufstein aus dem 12. Jahrhundert. Das aus Blaustein gearbeitete Becken ist einer der ältesten Taufsteine des Rheinlandes. Die gewaltige Haube ist inzwischen einer gehämmerten Kupferblechschale gewichen.

Das Stiftsgebäude schloß in der nördlichen Ecke mit einem Erker ab. Er trug die Jahreszahl 1562 und war mit Wappentafeln verschiedener Äbte verziert.

Das Stift Hamborn wurde 1136 gegründet.
Aus dieser Zeit stammt der wuchtige Turm der heutigen Kirche. Das Stiftsgebäude stammt aus wesentlich späterer Zeit. Diese Vorkriegsaufnahme zeigt den Haupttrakt an der Klosterstraße mit einem Treppengiebel in der Mitte.

Zum Prämonstratenser-Kloster Steinfeld bei Kall in der Eifel stand die Hamborner Abtei über Jahrhunderte in enger Beziehung. Dies wird auch im „Stammbaum" des Klosters Steinfeld berücksichtigt. Der Stich aus dem 18. Jahrhundert bildet auch die Hamborner Abteikirche ab. Diese sehr frühe bildliche Darstellung der Kirche zeigt den Turm noch mit einer spitzen Haube.

Kirche und ehemalige Abteigebäude, ein Motiv, wie es nicht jeder Hamborner kennt.

Porträt eines namentlich unbekannten Abtes des Prämonstratenser Klosters Hamborn.
Von den Porträts der drei ersten Äbte waren keine Fotos bekannt, die Originalgemälde sind im Krieg verbrannt. Durch einen Zufall wurden die Abbildungen entdeckt.

Von 1757 — 1782 war Ferdinand Freiherr von Dunckel Abt des Klosters Hamborn. Zur Zeit des 7jährigen Krieges mußte der Abt Geld aufnehmen, wegen der „jetzigen beschwerlichen Kriegsleuffen". Ein Beweis, daß auch Hamborn zu jener Zeit von Kriegsvölkern nicht verschont wurde.

Nachfolger als Abt wurde von 1782 — 1790 Alexander Freiherr von der Horst. Als Vorlage für das Hamborner Stadtwappen, den nach links schreitenden roten Löwen, in einem weiß-grünen Feld, diente das Wappen dieses Abtes.

Carl Adalbert Freiherr von Beyer wurde 1790 gewählt und war bis zur Aufhebung des Klosters im Jahre 1806 47. und letzter Vorsteher des Prämonstratenser-Klosters. Er verstarb 1842 als Weihbischof von Köln.

Zur Anfertigung von **Laden-Einrichtungen** Art und für alle Branchen empfiehlt sich

Ilh. Haverkamp, Marxloh

Schuhhaus für bess. Schuhwaren. Alleinverkauf d. berühmt. **Herz- u. Fortschritt-Stiefel** Größte Auswahl. Billige Preise.

G. Vogelsang, Hamborn, ...60, neben der Post.

Dampf-Kornbranntwein-Brennerei Friedr...

Hans Wi...
Hamborn, Dahlstr. 87

Central-Automaten-Restaurant
mit Hotel-Betrieb,

Marxloh.

Automaten-Restaurant.

Komfortables Salon-Restaurant im Parterre rechts. Saal für Festlichkeiten und Vereinszimmer I. Etage. 2 Kegelbahnen. — Größter Bierausschank

Spezialität: Feine Küche. Eigene S...

Täglich erstklassige Varieté-Vorstellungen, re... Konzerte.

Älteste Rep...

Vertretung de...

Tag und

Rufen Sie Telefon 1125

bei Vergnügungs-, Hochzeits- und Reisetouren mit Auto bei Erstklassige, deutsche, vornehme W...

— Zu jeder Zeit —

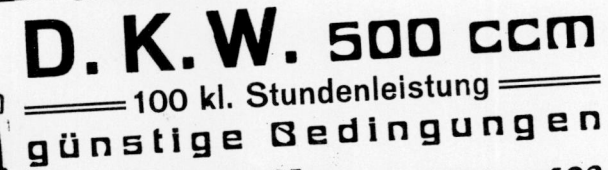

D.K.W. 500 ccm
100 kl. Stundenleistung
günstige Bedingungen

H. Schreiber, Telefon 423
HAMBORN, Duisburgerstr. 189
Auto-Anruf und Reparatur.

WILLY FENGELS

Gebr S...
Marxloh, Provinzi...

Sieben Möbelwa... für jeden

Uhren, Gold- u. Silberwaren. Spezialität: Patent Trauringe ohne Lötfuge.

Brillen, Kneifer...

Heinr. Dalinghoff, Marxloh, Provinzialstraße 23.

Salamanderstiefel sind nicht nur tonangebend in ihren hübschen Formen, sondern auch in dem verwandten Material und der vorzüglichen Arbeit.

Einheitspreis 12.50 Mk. Luxusausstattung 16.50 Mk.
Alleinverkauf:
Rosenthal's Schuhwarenhaus,
Marxloh, Provinzialstraße 41.

Aeltestes und leistung...